KB248037

번개처럼 빠른 엘리베이터를 타요!

발명가 오티스

호기심 팡팡 지식이 쏙쏙 시리즈 ①

번개처럼 빠른 엘리베이터를 타요!

발명가 오티스

달과소

엘리베이터 예절, 이것만은 꼭 지켜요!

엘리베이터는 위 아래로 이동하는 조용한 공간이에요.
올라갈 층수를 누르면 엘리베이터가 알아서 데려다 주지요.

엘리베이터를 타면, 버튼을 이것저것 마구 눌러대지 않기!
엘리베이터 안의 사람들에게도 다른 층에서 엘리베이터를 기다리는
사람들에게도 피해를 주는 행동이니까 그런 장난은 치지 말아요.
사람들이 너무 많이 타서 삐— 하고 경보음이 날 때는
나중에 탄 사람들은 내려서 다음 엘리베이터를 기다리고요.

좁은 공간 안에서 떠들거나 음악을 크게 들으면
옆사람에게 시끄러우니까 헤드폰 소리는 낮추고
큰 소리로 떠들며 소란 피우지 않는 건 기본이에요.
엘리베이터에서 이웃을 만나면 반갑게 인사를 먼저 건네고요.

엘리베이터 문에 몸을 기대거나 문틈 사이로 손발이나 우산을 끼우
는 장난은 큰 사고를 일으킬 수 있으니 절대 하면 안 됩니다.
함께 탄 사람들을 배려하는 엘리베이터 예절 꼭 기억하세요.

그럼 이제부터 엘리샤 오티스가 엘리베이터를 발명했던
1850년대의 미국으로 떠나 볼까요!

건초(乾草)

베어서 말린 풀. 주로 동물들의 사료나 땅에 거름으로 쓰는 퇴비로 사용합니다. 가축의 사료 등으로 쓰기 위해 풀을 베어서 건조시킨 것을 말합니다.

침대 옆널

침대의 옆면을 이루는 나무 널빤지를 옆널이라고 합니다. 옆널은 다른 말로 '가로널'이라고도 불러요.

방앗간

방아로 곡식을 찧거나 빻는 곳. 방아는 곡식을 가루낼 때 쓰이는 기구를 말하는데 풍차처럼 바람을 이용하는 방아도 있고, 물레방아처럼 물의 힘을 이용하는 것도 있습니다.

도르래

바퀴에 홈을 파고, 그 홈 안에
줄을 걸어서 돌리는 방법으로
움직이는 기구예요. 작은 힘으
로 무거운 물건을 들어올릴 수
있는 유용한 장치입니다.

우물에서 물을 길어 올릴 때 사용하던 두레박이나 무거운 물건을
들어올리는 기중기 모두 도르래의 원리를 이용해서 만들어졌지요.
모양에 따라 고정도르래와 움직도르래로 분류합니다. 좀 더 자세한
내용은 6학년 2학기 과학 〈6.편리한 도구〉 단원에서 지레의 원리와
함께 배울 수 있답니다.

세계박람회

국제박람회기구에서 관리하는 행사로 엑스포(EXPO)라고 말하기
도 해요. 박람회는 산업과 과학의 발전을 위해 농업, 상업, 공업 분
야의 온갖 물품을 모아 전시하고 널리 알리는 큰 행사이지요.
우리나라에서도 1993년 대전, 2012년 여수에서 세계박람회를 개
최한 적 있어요. 1853년에 열린 뉴욕세계박람회를 통해 엘리샤 오
티스도 엘리베이터를 이 세상에 널리 알리게 되었습니다.

오티스,
엘리베이터를 타고
정상에 오르다

여기는 미국 버몬트의 한 농장이에요.

한창 건초를 거두는 시간입니다. 마차가 연신 들판에서 건초더미를 실어 날랐습니다. 그러면 밧줄하고 도르래를 이용해 건초더미를 위로 들어 올렸습니다. 헛간 다락방으로요.

"올라간다!"

엘리샤 오티스가 아래에서 손을 흔들며 소리쳤어요.

1818년, 엘리샤 오티스가 일곱 살 때입니다. 엘리샤는 농장에서 돌아가는 기계를 무척 흥미롭게 지켜보았어요. 무엇보다도 건초를 들어 올리는 모습이 가장 재미있었답니다.

그런데 밧줄이 툭 끊어지기 일쑤였어요. 밧줄이 끊어질 때면 건초더미도 함께 우수수 쏟아져 내렸지요.

열아홉 살 무렵, 엘리샤는 농장을 떠났습니다. 건강이 좋지 않았거든요. 좀 더 편한 일자리를 찾아 뉴욕 주 트로이로 가서 마부가 되었답니다.

5년 동안, 엘리샤는 트로이와 버몬트 주 브래틀보로를 오가며 짐을 실어 날랐습니다. 한 푼도 허투루 쓰지 않고 꼬박꼬박 저축을 했습니다. 이제는 먹여 살려야 할 아내와 아들도 있었지요.

어느 날 엘리샤는 아내 수잔에게 말했습니다.

"이제 다른 일을 해보고 싶어. 내 사업을 해 볼까 해요."

엘리샤 오티스 가족은 뉴욕 주 그린 리버로 이사를 했습니다.

그곳에서 땅을 좀 사서 방앗간을 지었습니다. 방앗간 안에는 커다란 돌덩이가 있었는데 그 돌이 곡물이라든가 곡식을 가루로 빻았습니다.

하지만 사업은 생각만큼 잘되지 않았고, 설상가상 엎친 데 덮친 격으로 아내가 병에 걸리고 말았지요.

아내가 죽자 엘리샤는 찰리와 노튼, 두 아들을 데리고 그곳을 떠났습니다. 엘리샤는 뉴욕 주 알바니에서 다시 한 번 자신의 운을 시험해 보기로 마음먹었습니다.

알바니로 가기 전, 벳시와 재혼도 했습니다. 벳시는 아이들에게 좋은 엄마가 되어 주었지요.

1845년 무렵, 엘리샤는 침대틀 공장에서 일하고 있었습니다.
그 공장에서는 손으로 침대 옆널을 만들었지요.

어느 날 저녁, 엘리샤는 집에 앉아서 공책 위에 연필로 무언가
를 끼적이며 중얼거렸어요.
"기계가 있으면 침대 옆널을 좀 더 빨리 만들 수 있을 텐데…."
불현듯 좋은 수가 떠올랐어요! 엘리샤는 후다닥 그림을 그렸습
니다.
아내 눈에는 남편 머리 위로 마치 전구가 반짝반짝 빛나는 것
같았답니다.

엘리샤는 사장에게 자신의 아이디어를 보여 주며 말했어요.

"침대 옆널 기계라고 이름을 지었어요. 이 기계가 있으면 아주 빨리 옆널을 만들 수 있을 겁니다!"

엘리샤가 만든 기계는 손으로 만들 때보다 네 배 빨리 침대 옆널을 만들어 냈답니다.

사장은 몹시 신이 났어요.

"자네한테 특별 보너스를 주어야겠군!"

엘리샤는 500달러(한국 돈으로 약 550만 원)를 받았습니다.

이제 뭘 할까요? 엘리샤는 다시 이사를 했습니다. 이번에는 드넓은 허드슨 강 동쪽에 자리 잡은 용커스라는 도시로 갔지요.

20

1852년, 엘리샤는 용커스에서 침대틀 공장 건설현장에서 감독일을
시작했습니다. 1층에서 2층까지 무거운 기계를 옮겨야 했어요.

엘리샤는 물건을 들어 올리는 플랫폼이 영 못미더웠어요. 밧줄이
끊어지면 건초더미가 아니라 기계 부품이 와장창 떨어질 테니까요.
그러면 사람이 크게 다칠지도 몰라요.

엘리샤는 안전한 제동장치가 필요하다고 생각했어요.
하지만 어떻게 만들까요?

엘리샤는 그림을 그리고 또 그려 봤어요.

마침내 쓸모 있는 모델을 만들어냈죠.

엘리샤는 물건을 들어 올리는 장치에 안전 브레이크를 붙였어요. 일꾼들이 묵직한 철과 납으로 된 기계 부품들을 실었어요. 밧줄이 느슨해지면 브레이크가 움직여서 플랫폼이 땅에 부딪히지 않도록 막아줄 거예요.

"위로 올려!"

플랫폼이 꼭대기에 이르자, 이번에는 이렇게 소리쳤지요.

"떨어지게 내버려 둬!"

일꾼들은 영문을 몰라 서로 얼굴을 쳐다봤어요. 분명, 그 장치는 바닥에 부딪혀 박살날 게 뻔했으니까요!

플랫폼이 아래로 내려오기 시작했어요.

그런데, 허공에서 뚝 멈추었습니다. 브레이크가 제대로 작동했어요!

사람들은 깜짝 놀랐습니다. 엘리샤가 마침내 그토록 바라마지 않던

작업을 해냈지요. 플랫폼에 필요한 안전 브레이크를 만들었답니다.

엘리샤는 이제 자신이 살고 있던 용커스가 퍽 마음에 들었답니다.

엘리샤 오티스 가족은 이제 더 이상 이사를 할 필요가 없었지요!

26

1853년의 어느 날 밤, 엘리샤는 화들짝 놀라 잠자리에서 몸을
일으켜 세웠습니다. 수면모자가 비딱하게 기울어진 것도 모르고
소리를 질렀어요.

"사람을 들어 올리는 거야!"
졸음에 겨운 아내가 웅얼거렸어요.
"사람을 들어 올려요? 어디로요?"
"우린 기계 부품을 들어 올렸어요. 사람이라고 왜 안 되겠어?"
"사람을 어디로 들어 올린단 말이에요?"
"참나! 당연히 하늘로 들어 올리는 거지. 하늘로 말이오."

다음 날 아침, 식사를 하면서도 엘리샤는 무척 들떠 있었습니다.

"내가 사람을 들어 올리는 기계를 만들 거란다. 내가 만든 엘리베이
터는 안전할 거야."

"멋져요, 여보!"

아내 벳시가 남편을 열렬히 응원해 주었습니다.

이제 십대가 된 아들 찰리와 노튼도 적극 찬성했지요.

그렇게 해서 엘리샤는 안전 브레이크가 달린 승객용 엘리베이터를
만들었습니다. 하지만 사업은 생각만큼 잘 진행되지 않았습니다.

사람들은 엘리베이터를 타고 하늘로 올라가는 데 딱히 관심이 없었어요. 벽돌처럼 뚝 떨어져 내릴까 겁을 먹었거든요. 하긴, 누가 사람들을 탓할 수 있겠어요?

사람들은 말했어요.

"저런 엘리베이터를 타고 3층을 올라가다니 말도 안 돼. 우린 아무 데도 안 올라갈 거예요."

결국 엘리샤는 엘리베이터를 한두 대 파는 데 그치고 말았어요. 그나마 손님들은 엘리베이터를 승객용이 아니라 화물용으로 사용했지요. 엘리샤의 발명품을 믿고 타는 사람은 아무도 없었답니다.

그러던 어느 날,
아들 찰리와 노튼이 흥미진진한 소식을 안고 집으로 왔습니다.
"시내에서 박람회가 열릴 거래요!"

뉴욕 세계 박람회를 생각하자 온 식구들의 마음은 설레었지요.
엘리샤는 세상 사람들에게 엘리베이터를 보여줄 작정이었어요.

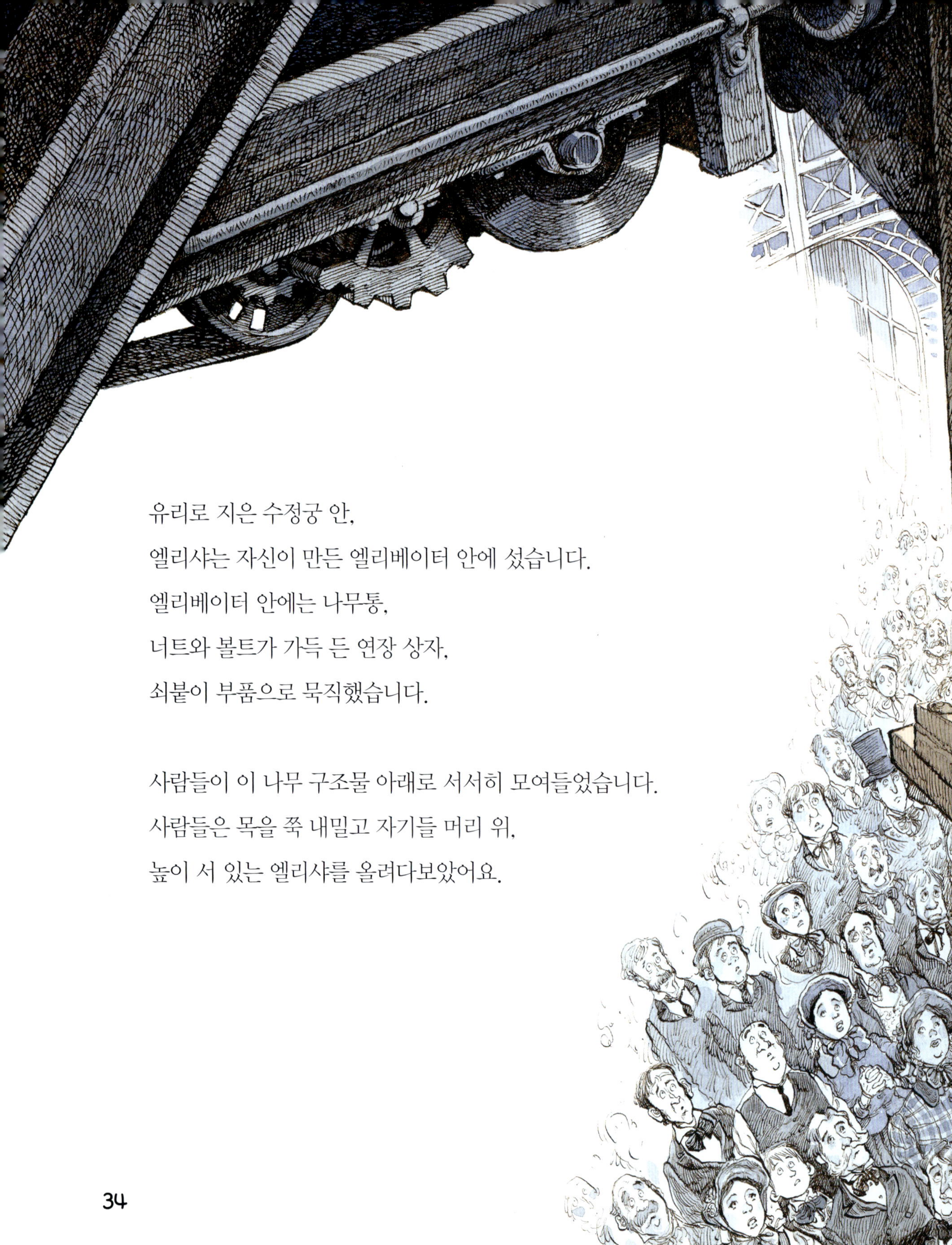

유리로 지은 수정궁 안,
엘리샤는 자신이 만든 엘리베이터 안에 섰습니다.
엘리베이터 안에는 나무통,
너트와 볼트가 가득 든 연장 상자,
쇠붙이 부품으로 묵직했습니다.

사람들이 이 나무 구조물 아래로 서서히 모여들었습니다.
사람들은 목을 쭉 내밀고 자기들 머리 위,
높이 서 있는 엘리샤를 올려다보았어요.

사람들은 점점 더 조용해졌습니다.

조수가 번쩍번쩍 빛나는 칼을 들어 올리더니

밧줄을 싹둑 잘랐습니다.

엘리베이터가 살짝 아래로 떨어졌습니다.

사람들은 숨을 몰아쉬었습니다.

사람들은 생각했지요.

'저 사람 정신 나갔군!'

하지만 엘리베이터가 갑자기 멈춰 섰어요.

엘리샤는 털 끝 하나 다치지 않고 무사했어요.

사람들은 놀라움을 감추지 못했습니다.

커다란 환호성이 수정궁 가득 울려 퍼졌습니다.

세계 박람회 이후,

오티스 엘리베이터 사업은 큰 인기를 끌기 시작했어요.

사람들은 하늘로 높이,

더 높이 올라가고 싶어 했지요.

잠깐만요,
저도 같이 올라가요!

하늘 높이!

1857년, 엘리샤 오티스는 승객용 엘리베이터를 뉴욕 시에 있는 5층짜리 백화점 건물에 처음으로 설치했습니다. 오티스가 처음 설치한 엘리베이터는 오늘날에도 여전히 움직이며 사람들을 위, 아래로 실어 나르고 있답니다.

엘리샤 오티스는 1861년에 숨을 거두었습니다.
맏아들 찰리 역시 발명가로서 더 나은 엘리베이터를 만들기 위해 힘썼지요. 찰리와 동생 노튼은 아버지가 돌아가시고 난 뒤, 엘리베이터 사업을 이어받고 이름을 '오티스 브라더스 & 컴퍼니'로 바꾸었습니다.

엘리샤가 만든 안전 브레이크가 없을 때에는 6층 이상의 건물을 지을 수가 없었습니다. 아무도 그 이상 높이의 건물에서 살거나 일을 하고 싶어 하지 않았답니다. 힘들게 계단을 올라가야 했으니까요.
엘리샤의 발명이 있었기에, 오늘날 하늘 높이 솟은 고층건물을 지을 수 있게 되었지요.
오늘날에는 건물이 높으면 높을수록 더 멋진 전망을 즐길 수 있습니다. 가격도 비싸고요!

엘리샤 그레이브스 오티스는 누구?

Elisha Graves Otis

혹시 엘리베이터나 에스컬레이터를 타다가 OTIS라는 글자를 본 적 있나요? 그 글자는 엘리베이터를 처음으로 발명한 사람과 깊은 관련이 있답니다. 바로 그 발명가의 이름이 엘리샤 그레이브스 오티스(Elisha Graves Otis)거든요.

오티스는 성이고 엘리샤는 그의 이름인데, 성을 그대로 따서 회사의 이름을 OTIS라고 지은 거예요. 현대인들에게 너무나 익숙한 엘리베이터를 선물한 엘리샤는 처음부터 과학자나 발명가의 길을 걸었던 사람은 아니었어요. 농부의 아들로 태어나 제분소, 제재소, 공장 등으로 옮겨 다니며 여러 가지 일을 시작했다가 실패를 맛보기도 했죠. 결혼한 지 얼마 안 되어 부인이 세상을 떠나는 어려움도 겪고 젊은 시절에는 무척이나 불행한 삶을 살았어요.

하지만 그는 가슴 속에 늘 희망을 품고 있었고, 세상을 새롭게, 보다 편하고 빠르게 변화시키고 싶다는 생각이 자리잡고 있었지요.

　시간이 흘러 엘리샤는 뉴욕 용커스의 침대회사 '메이즈 앤 번즈'라는 곳에서 근무하게 되었어요. 작업장에서 일하다 보면 침대틀을 운반할 일이 굉장히 많았는데, 무거운 침대틀을 꼭대기층까지 안전하게 끌어올리는 일은 늘 골칫거리였지요.

　엘리샤는 일솜씨가 매우 좋아서 전에 일하던 곳에서는 철도 화차의 안전 브레이크를 만든 경험도 있었지요. 침대 공장에서도 침대틀 기계를 개선해 하루 생산량을 부쩍 늘리기도 했어요. 그런 엘리샤에게 무거운 물건을 보다 편하고 덜 힘들게 옮기는 방법은 숙제가 되었지요. 엘리샤는 고민과 연

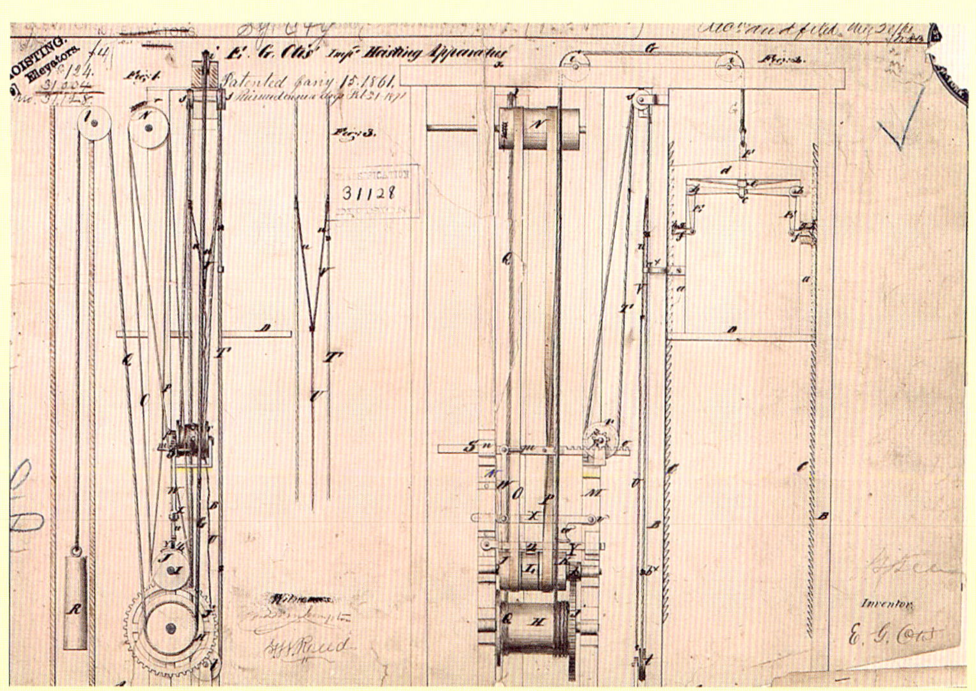

엘리샤가 남긴 엘리베이터 설계도

엘리샤 오티스가 1856년에 제작한 엘리베이터

구를 거듭하며 방법을 찾던 중 기계를 안전하게 멈추어주는 브레이크를 발명해 냈어요.

사실 엘리베이터는 기원전 236년 아르키메데스가 생각해 낸 이후, 로마의 거대한 건축물 콜로세움을 만들 때나 동물들을 이동시킬 때도 사용했다고 해요. 훗날 물의 압력을 이용한 엘리베이터도 생겨났고요. 물론 요즘의 엘리베이터와 비교해 보면 기능도 모양도 한참이나 떨어졌지만요.

엘리샤는 1852년 세계 최초로 엘리베이터의 도르래 줄이 끊어져도 바닥으로 추락하지 않는 안전장치를 만들어 냈어요. 엘리베이터에 이 안전장치를 부착한 이후 현대식 엘리베이터가 완성되었답니다. 덕분에 엘리베이터를 안전하게 운행하는 것도, 그 안에 사람을 태우는 것도, 높은 고층빌딩을 세우는 것도 모두 가능해졌지요.

엘리샤는 1853년 뉴욕 세계박람회에서 자동 안전장치 엘리베이터를 선보이며 성공을 거두게 됩니다. 오티스의 회사는 아들들이 물려받은 이후 지금까지도 꾸준히 그 이름을 이어오고 있어요. OTIS는 뛰어난 기술력을 자랑하며 150년 넘게 세계 엘리베이터 시장을 주름잡고 있답니다.

우리나라에는 언제 엘리베이터가 생겼을까요?

우리나라에 처음으로 엘리베이터가 들어온 때는 언제일까요?

1920년, 잠시 우리나라가 주권을 빼앗겼던 일제강점기 시대에 조선은행에서 처음 엘리베이터를 설치했다고 해요. 무거운 화폐를 나르기 위해서 엘리베이터를 들여온 것이지요. 이때 들여온 제품은 바로 OTIS 회사의 것이었어요. 다만, 일본인의 힘으로 설치한 것이라서 우리나라 최초의 엘리베이터로 삼기에는 약간의 아쉬움이 남습니다.

4년 뒤 우리나라 최초의 전동식 엘리베이터이자 사람을 이동시키는 목적으로 만들어진 승객용 엘리베이터는 1924년, 철도호텔(현재 웨스턴 조선호텔)에 설치되었어요. 이것 역시 오티스의 제품이었고요.

1927년 세브란스 병원에 들여온 엘리베이터는 우리나라 최초로 민간인이 주문을 넣어 만든 것이고, 그 이후 1937년, 화재로 타 버린 화신백화점을 다시 세우면서 그 안에 엘리베이터를 들여놓았다고 해요. 이것은 우리나라 사람들의 자금으로 만들어진 최초의 엘리베이터랍니다. 백화점 안에는 4대의 엘리베이터가 있었는데 5층 건물까지 올라가려면 1분이 넘게 걸렸어요. 신기한 엘리베이터를 처음 본 사람들은 신발을 벗고 타기도 했대요.

모양도 기능도 다양한 엘리베이터의 세계

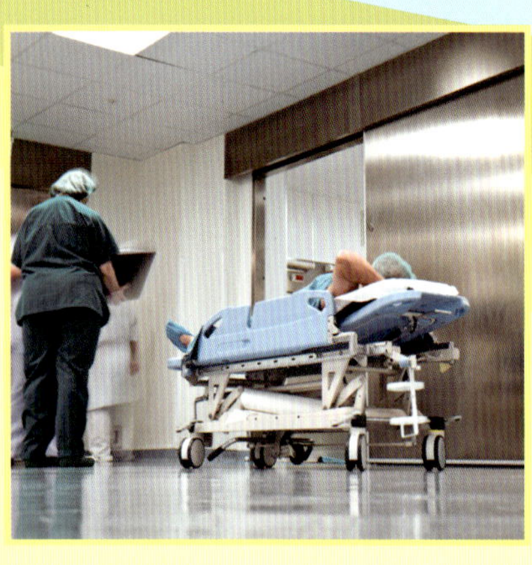

병원용 엘리베이터

환자들이 누워 있는 침대가 들어갈 수 있도록 길쭉하게 설계되었습니다. 환자를 치료하는 의사와 간호사도 함께 탈 수 있고, 복잡하고 큰 의료기기까지 실어 나를 수 있을 정도로 문과 공간이 넓어요.

전망용 엘리베이터

높은 층수를 자랑하는 고층빌딩에 주로 설치되어 있습니다. 사람들이 엘리베이터를 타고서도 바깥의 풍경을 즐길 수 있도록 문과 벽이 투명한 유리로 되어 있지요. 전망용 엘리베이터는 주로 건물의 아름다운 디자인을 위해 만들어지고, 관광객이 많은 도시에서 찾아볼 수 있습니다.

사진: 싱가포르 판 퍼시픽 호텔의 엘리베이터 ⓒSanchom

건축용 엘리베이터

건축 현장에서 흔히 볼 수 있는 엘리베이터입니다. 건물을 짓기 위해 필요한 건축 자재나 공사장에서 일하는 인부들을 실어나르는 역할을 하지요.

화물용 엘리베이터

크고 무거운 짐들을 실어 나르기 위해 만들어진 특수한 엘리베이터입니다. 아주 무거운 무게도 견뎌낼 수 있도록, 덩치가 큰 짐들도 거뜬히 옮길 수 있도록 매우 크고 튼튼하게 만들어졌어요.

덤웨이터

식당 같은 곳에서 음식을 쉽고 빠르게 나를 수 있도록 제작된 작은 엘리베이터를 말합니다. 저 안에 음식을 넣어두고 주방에서 식당의 손님들이 있는 공간으로, 위아래 층으로 재빠르게 실어 나릅니다.

자동차 엘리베이터

위에 사진은 독일의 유명한 자동차 회사 폭스바겐에서 만든 자동차 테마파크 아우토슈타트의 상징 '카 타워(Car Tower)'입니다. 쌍둥이처럼 나란히 서 있는 20층 건물 '카 타워' 안을 들여다보면, 지하에는 폭스바겐 공장과 연결돼 있다고 해요. 그 위에는 층층마다 자동차가 빼곡히 자리잡고 있고요. 얼핏 보면 특이하게 생긴 주차장 같지요? 공장에서 차를 만들고 난 뒤, 고객들에게 전달하기 전에 자동차를 이곳에 보관해 두는데요. 안에는 차를 쉽게 운반할 수 있도록 자동 엘리베이터가 설계되어 있어요. 자동차를 고르면 엘리베이터가 움직여서 고객이 대기하고 있는 곳까지 가져다 준답니다.

사진: 독일의 카 타워 ⓒ위키피디아 DooMMeeR

비행기 엘리베이터

비행기는 몸체가 매우 커서 사람들이 쉽게 오르내릴 수 없어요. 비행기는 땅으로부터 몹시 높은 위치에 자리하고 있기 때문에, 그곳까지 사람의 손이 닿으려면 다른 것의 도움을 받아야 하거든요. 이런 때에 필요한 것이 바로 비행기용 엘리베이터입니다.

비행기 엘리베이터는 작은 경비행기나 중대형 크기의 여객기 높이에 맞게 키가 쑥 자라나요. 평소에는 차곡차곡 접혀 있던 다리 부분이 펴지면서 위로 길쭉하게 변신을 하거든요. 덕분에 비행기가 있는 높은 곳까지 사람들은 간편하게 짐을 실어 나를 수 있답니다.

국립중앙도서관 출판예정도서목록(CIP)

```
발명가 오티스 : 번개처럼 빠른 엘리베이터를 타요! / 지은
이: 모니카 쿨링 ; 그린이: 데이비드 파킨스 ; 옮긴이: 김선
희. -- 서울 : 달과소, 2014
        p. ;    cm. -- (호기심 팡팡 지식이 쏙쏙 ; 1)

원표제: Going up! : Elisha Otis's trip to the top
원저자명: Monica Kulling, David Parkins
영어 원작을 한국어로 번역
ISBN  978-89-91223-62-2 73990 : ₩11000

발명가[發明家]

998.5-KDC5                              CIP2014031337
```


호기심 팡팡 지식이 쏙쏙 시리즈 ❶

번개처럼 빠른 엘리베이터를 타요!

발명가 오티스

1판 1쇄 펴낸날 2014년 11월 25일

지은이 모니카 쿨링
그린이 데이비드 파킨스
옮긴이 김선희

펴낸이 은보람
펴낸곳 도서출판 달과소
출판등록 2010년 6월 21일 제2010-000054호
주소 우) 140-902 서울시 용산구 후암동 403-15
전화 02-752-1895 | **팩스** 02-752-1896
전자우편 book@dalgwaso.com
홈페이지 www.dalgwaso.com
찍은곳 한빛인쇄

ISBN 978-89-91223-62-2 [73990]